CORPO HUMANO

Dados Internacionais de Catalogação na Publicação (CIP) de acordo com ISBD

B236c   Barbieri, Paloma Blanca Alves.

Corpo Humano: 3-D/ Paloma Blanca Alves Barbieri; ilustrado por Shutterstock. - Jandira, SP: Ciranda Cultural, 2023.
16p.: il.; 21,50cm x 28,00cm. - (Espetacular 3-D).

ISBN: 978-65-261-0550-4

1. Literatura infantil. 2. Curiosidade. 3. Textos informativos.
4. Descoberta. 5. Aprendizado. I. Shutterstock. II. Título. III. Série.

2023-1022   CDD 028.58
                                                         CDU 82-93

Elaborado por Lucio Feitosa - CRB-8/8803

Índice para catálogo sistemático:
1. Literatura infantil 028.5
2. Literatura infantil 82-93

© 2023 Ciranda Cultural Editora e Distribuidora Ltda.
Produção: Ciranda Cultural
Texto: Paloma Blanca Alves Barbieri
Imagens: TimeLineArtist/ Shutterstock.com; adike/ Shutterstock.com;
Ljupco Smokovski/ Shutterstock.com; Viktoriya/ Shutterstock.com;
GraphicsRF.com/ Shutterstock.com; ozrimoz/ Shutterstock.com;
deepadesigns/ Shutterstock.com; Olga Bolbot/ Shutterstock.com;
berCheck/ Shutterstock.com; r.classen/ Shutterstock.com;
Marko Aliaksandr/ Shutterstock.com; Have a nice day Photo/ Shutterstock.com;
Andrey Suslov/ Shutterstock.com; Digital Genetics/ Shutterstock.com;
SciePro/ Shutterstock.com; AnotherPerfectDay/ Shutterstock.com;
Hamara/ Shutterstock.com; ALIOUI MA/ Shutterstock.com;
r.classen/ Shutterstock.com; sutadimages/ Shutterstock.com;
Lightspring/ Shutterstock.com; Vitte Yevhen/ Shutterstock.com.

1ª Edição em 2023
www.cirandacultural.com.br

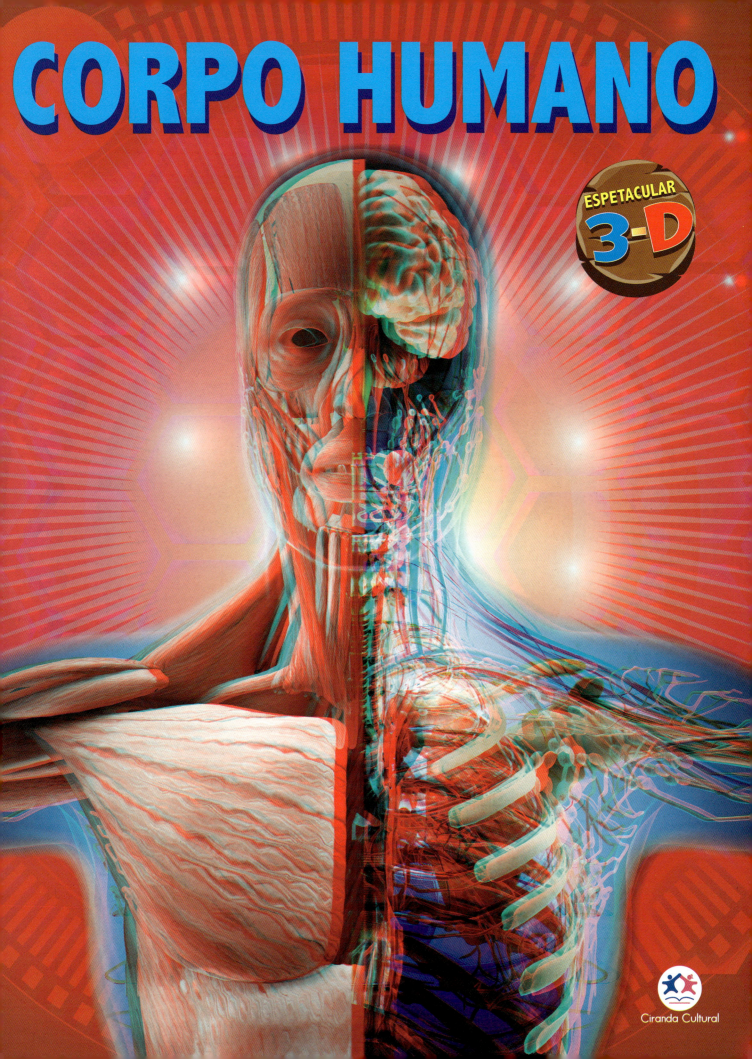

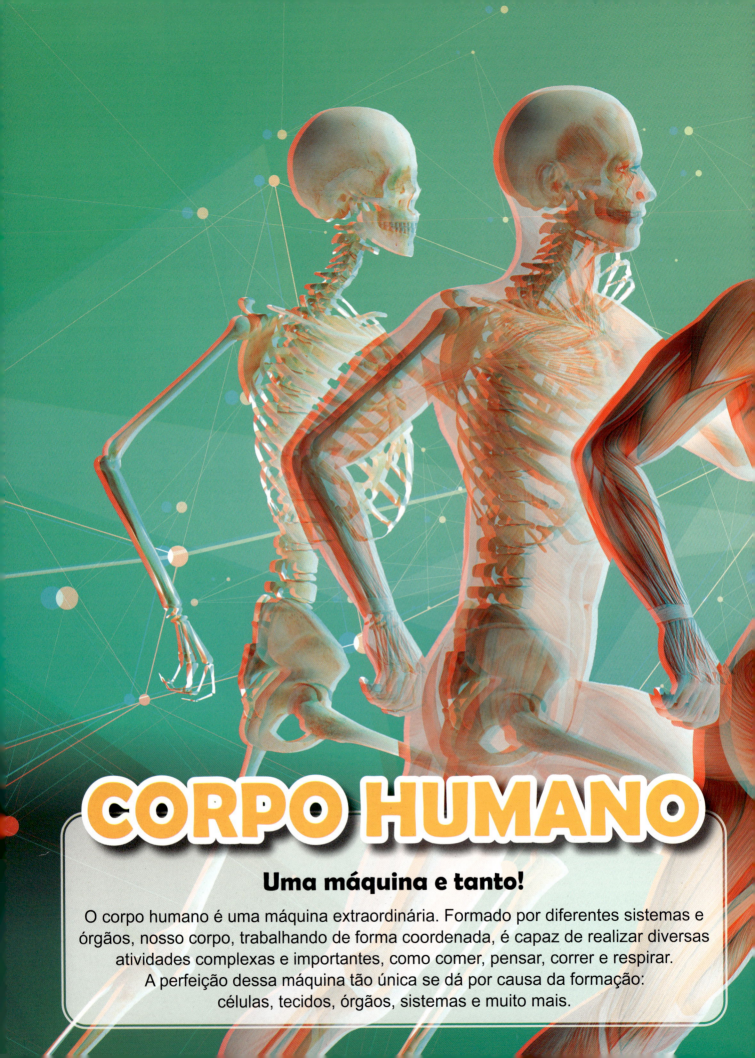

CORPO HUMANO

Uma máquina e tanto!

O corpo humano é uma máquina extraordinária. Formado por diferentes sistemas e órgãos, nosso corpo, trabalhando de forma coordenada, é capaz de realizar diversas atividades complexas e importantes, como comer, pensar, correr e respirar. A perfeição dessa máquina tão única se dá por causa da formação: células, tecidos, órgãos, sistemas e muito mais.

IMPORTANTES SISTEMAS

Trabalhando em harmonia

O funcionamento do corpo humano depende dos sistemas que fazem parte dele. Cada sistema conta com diferentes órgãos, que são responsáveis por determinada tarefa. Alguns dos principais sistemas do corpo humano são: cardiovascular, respiratório, nervoso, muscular e digestório.

Cardiovascular

É responsável por fazer a distribuição de oxigênio e nutrientes pelo corpo. Fazem parte desse sistema o coração e os vasos sanguíneos.

Respiratório

Tem como função absorver oxigênio (inspiração) e eliminar gás carbônico (expiração). Todos estes órgãos fazem parte do sistema respiratório: nariz, faringe, laringe, traqueia e pulmões.

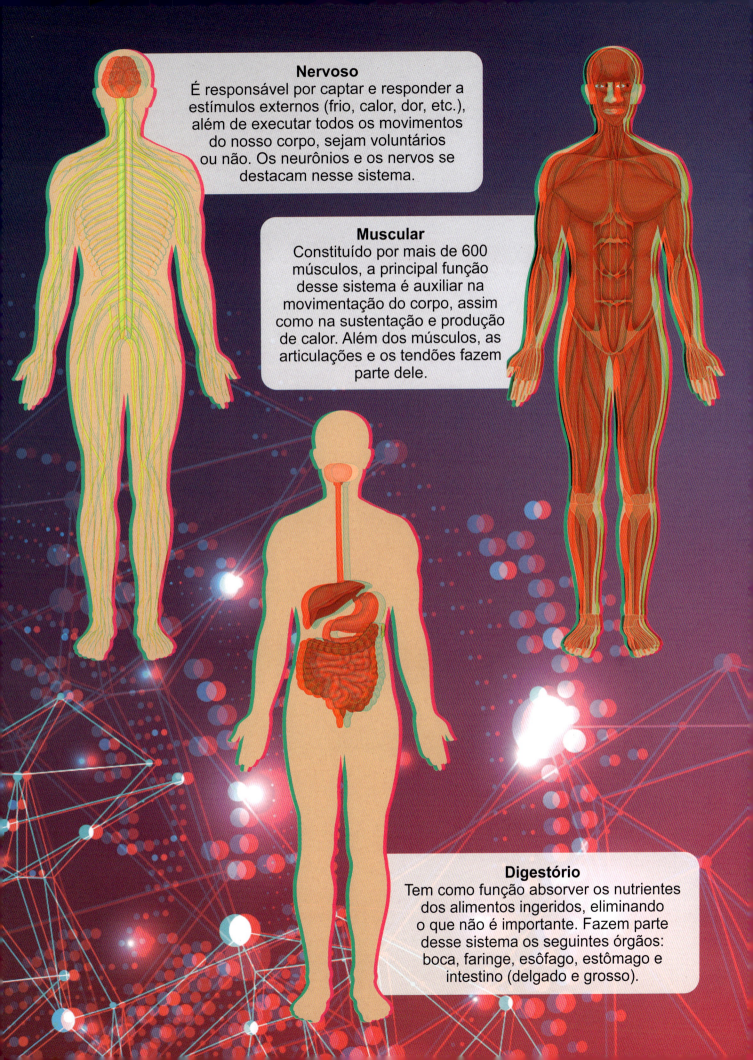

Nervoso
É responsável por captar e responder a estímulos externos (frio, calor, dor, etc.), além de executar todos os movimentos do nosso corpo, sejam voluntários ou não. Os neurônios e os nervos se destacam nesse sistema.

Muscular
Constituído por mais de 600 músculos, a principal função desse sistema é auxiliar na movimentação do corpo, assim como na sustentação e produção de calor. Além dos músculos, as articulações e os tendões fazem parte dele.

Digestório
Tem como função absorver os nutrientes dos alimentos ingeridos, eliminando o que não é importante. Fazem parte desse sistema os seguintes órgãos: boca, faringe, esôfago, estômago e intestino (delgado e grosso).

CINCO SENTIDOS

Percebendo o mundo

Nossa poderosa máquina conta com cinco sentidos que nos permitem compreender e perceber o mundo que nos cerca. Sem eles, não seríamos capazes de captar o que acontece ao nosso redor. Os cinco sentidos que fazem parte do corpo humano são: visão, olfato, paladar, audição e tato.

Visão
Sentido responsável por visualizar algo e mandar uma mensagem para o cérebro, que faz a decodificação e interpretação. Os olhos são os órgãos responsáveis pelo sentido da visão.

Olfato
Sentido que tem a função de perceber o odor das coisas, enviando uma mensagem para o cérebro processar as informações.
O nariz é o órgão responsável pelo sentido do olfato.

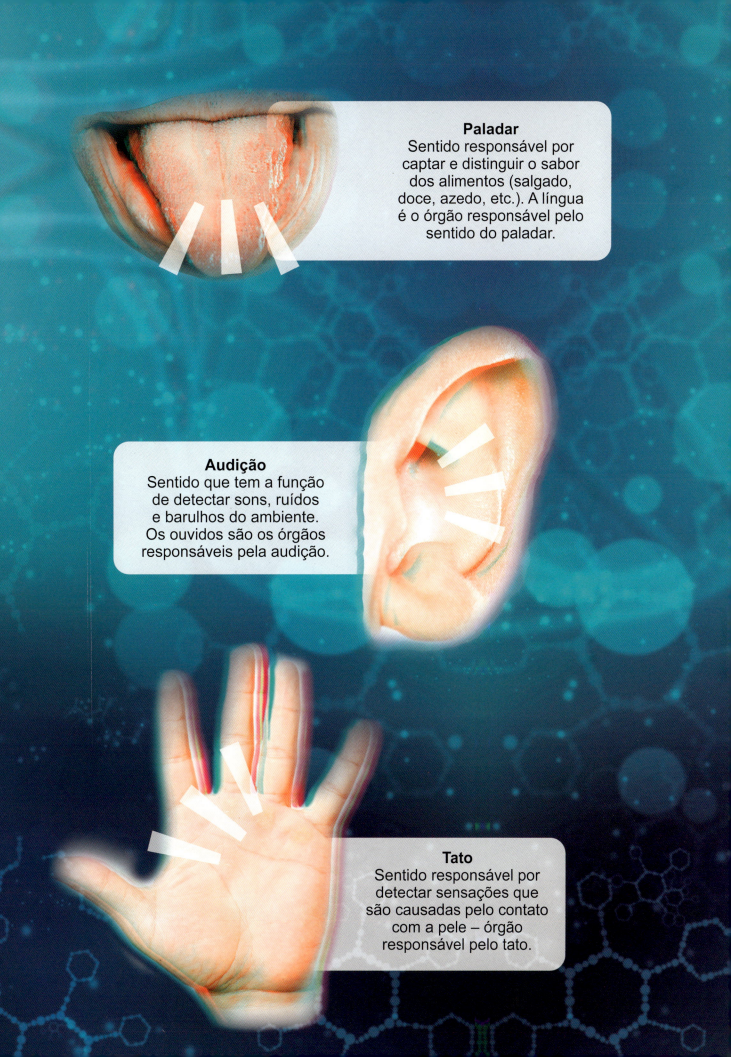

Paladar
Sentido responsável por captar e distinguir o sabor dos alimentos (salgado, doce, azedo, etc.). A língua é o órgão responsável pelo sentido do paladar.

Audição
Sentido que tem a função de detectar sons, ruídos e barulhos do ambiente. Os ouvidos são os órgãos responsáveis pela audição.

Tato
Sentido responsável por detectar sensações que são causadas pelo contato com a pele – órgão responsável pelo tato.

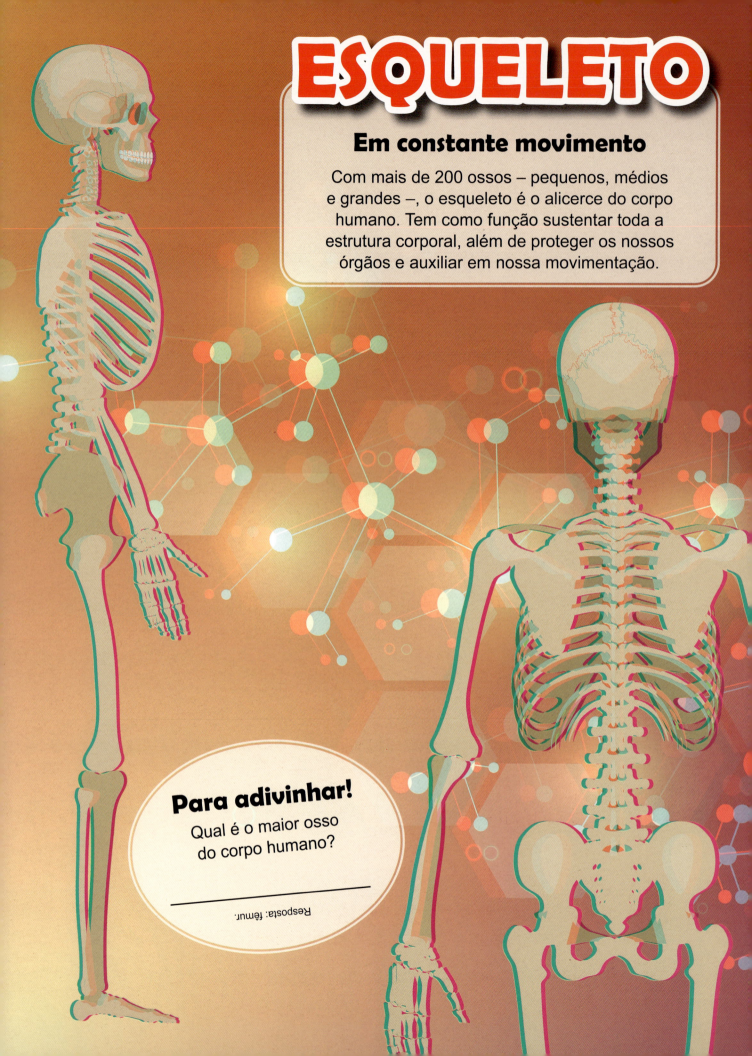

ESQUELETO

Em constante movimento

Com mais de 200 ossos – pequenos, médios e grandes –, o esqueleto é o alicerce do corpo humano. Tem como função sustentar toda a estrutura corporal, além de proteger os nossos órgãos e auxiliar em nossa movimentação.

Para adivinhar!

Qual é o maior osso do corpo humano?

_____

Resposta: fêmur.

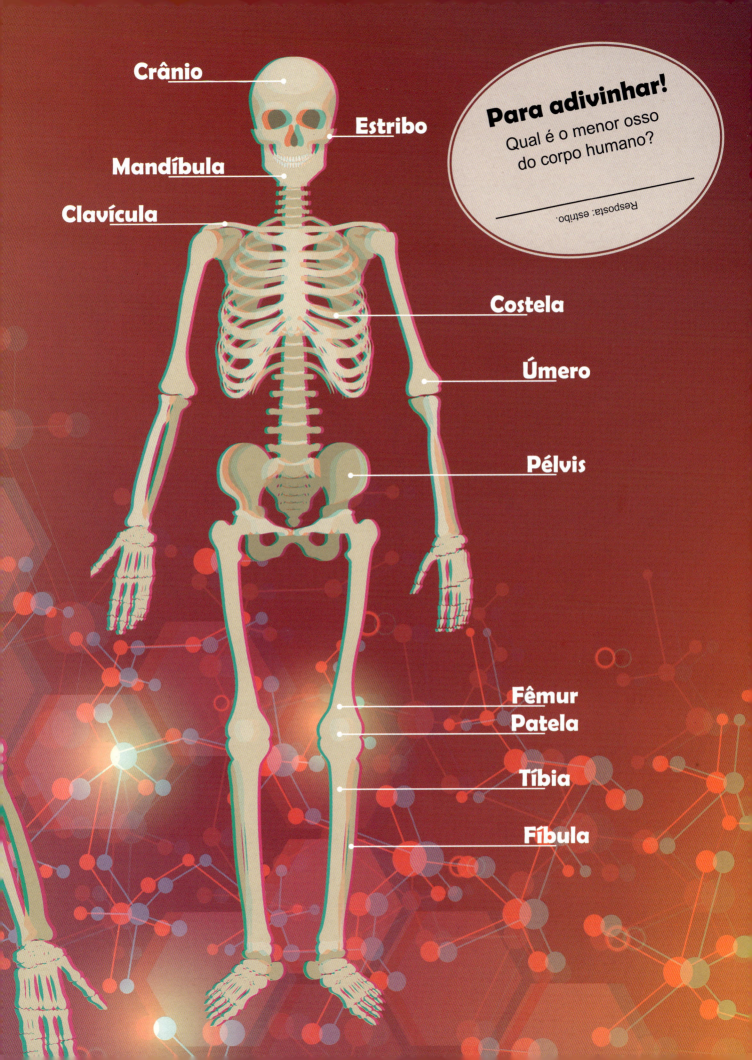

Crânio

Estribo

Mandíbula

Clavícula

Costela

Úmero

Pélvis

Fêmur
Patela

Tíbia

Fíbula

Para adivinhar!
Qual é o menor osso do corpo humano?

Resposta: estribo.

ÓRGÃOS VITAIS

Essenciais para a sobrevivência

Dentre as partes que formam o corpo humano, estão os órgãos. Cada um desempenha uma tarefa diferente e importante para o funcionamento do corpo. Alguns órgãos são considerados vitais, ou seja, essenciais para nossa sobrevivência. São eles: coração, pulmões, cérebro, rins e fígado.

Coração

É um órgão do sistema cardiovascular que tem como função bombear o sangue por todo nosso corpo, além de fazer com que o oxigênio chegue até o cérebro.

Pulmões

Os pulmões fazem parte do sistema respiratório, sendo de sua responsabilidade fazer as trocas gasosas em nosso corpo, ou seja, captar oxigênio do ambiente e eliminar o gás carbônico produzido pelo organismo.

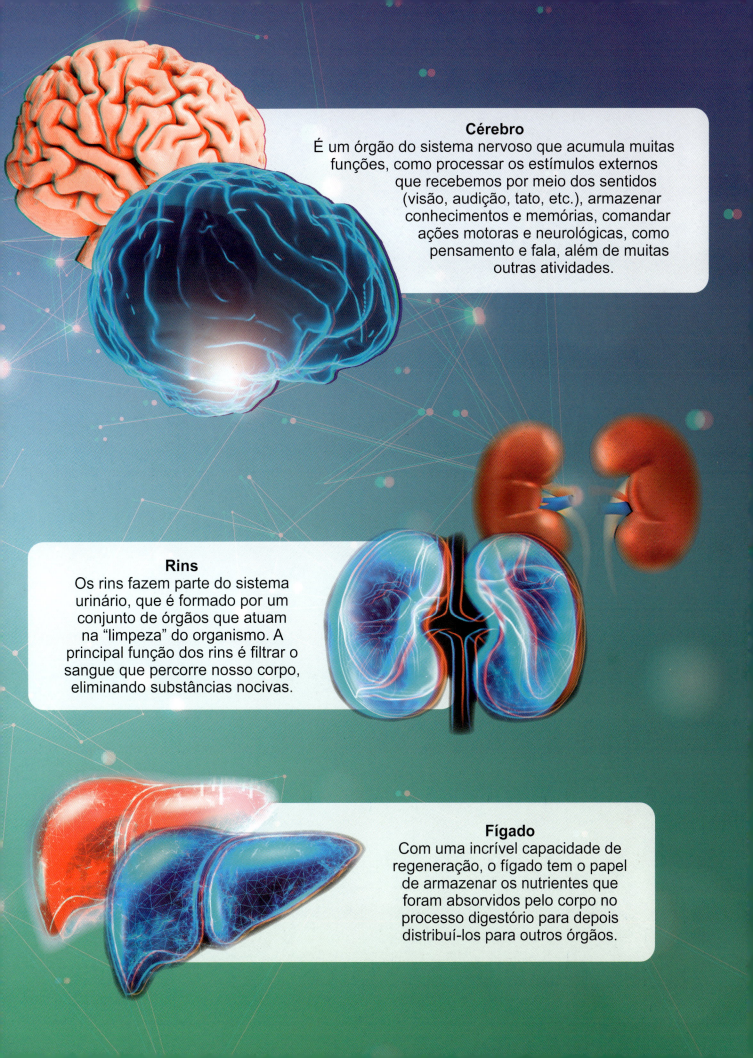

Cérebro
É um órgão do sistema nervoso que acumula muitas funções, como processar os estímulos externos que recebemos por meio dos sentidos (visão, audição, tato, etc.), armazenar conhecimentos e memórias, comandar ações motoras e neurológicas, como pensamento e fala, além de muitas outras atividades.

Rins
Os rins fazem parte do sistema urinário, que é formado por um conjunto de órgãos que atuam na "limpeza" do organismo. A principal função dos rins é filtrar o sangue que percorre nosso corpo, eliminando substâncias nocivas.

Fígado
Com uma incrível capacidade de regeneração, o fígado tem o papel de armazenar os nutrientes que foram absorvidos pelo corpo no processo digestório para depois distribuí-los para outros órgãos.

CURIOSIDADES IMPRESSIONANTES

Descobrindo o corpo humano

Um órgão gigantesco

A pele é o maior órgão do corpo humano, afinal, ela encobre toda a estrutura do nosso corpo. É papel dela proteger nosso organismo contra desidratação e raios ultravioleta, além de uma série de doenças.

Muitos ossos!

O esqueleto de uma pessoa adulta tem exatos 206 ossos, mas o de um bebê possui cerca de 270. Essa diferença acontece porque uma grande parte dos ossos acaba se unindo com o passar do tempo, formando um só.

Aguçando os sentidos

Pessoas que têm alguma deficiência relacionada ao sistema sensorial, como surdez e cegueira, por exemplo, acabam desenvolvendo e aguçando outros sentidos. Uma pessoa cega geralmente desenvolve ainda mais a capacidade de audição e tato. Isso é comprovado cientificamente!

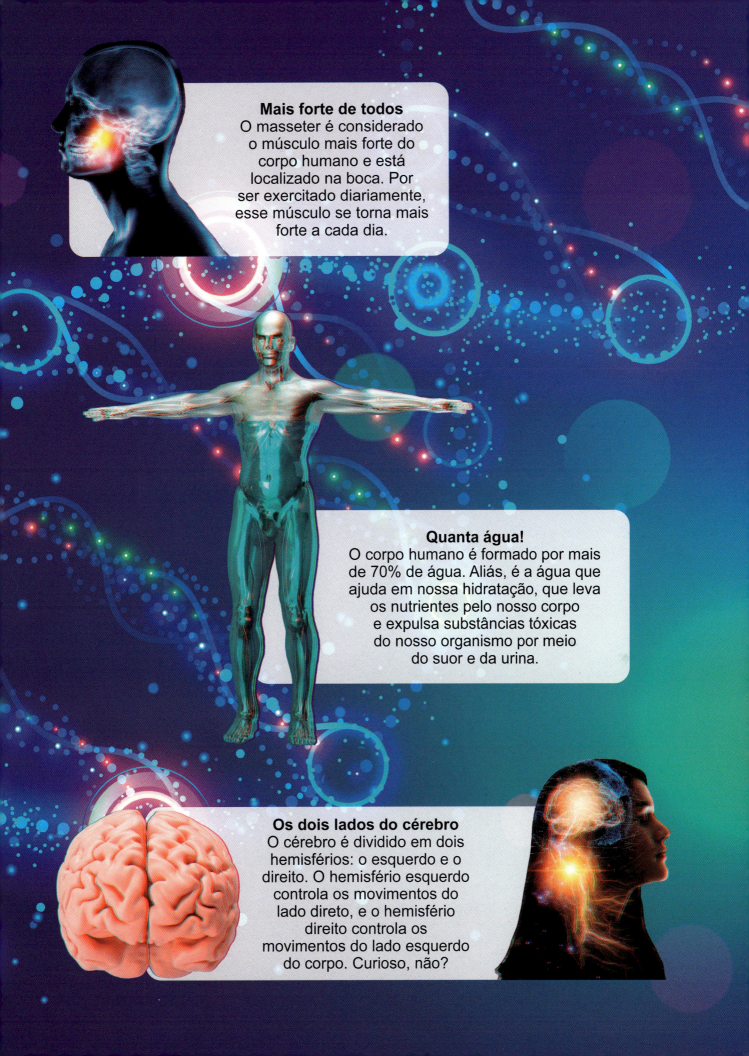

Mais forte de todos
O masseter é considerado o músculo mais forte do corpo humano e está localizado na boca. Por ser exercitado diariamente, esse músculo se torna mais forte a cada dia.

Quanta água!
O corpo humano é formado por mais de 70% de água. Aliás, é a água que ajuda em nossa hidratação, que leva os nutrientes pelo nosso corpo e expulsa substâncias tóxicas do nosso organismo por meio do suor e da urina.

Os dois lados do cérebro
O cérebro é dividido em dois hemisférios: o esquerdo e o direito. O hemisfério esquerdo controla os movimentos do lado direto, e o hemisfério direito controla os movimentos do lado esquerdo do corpo. Curioso, não?

CUIDANDO BEM DO CORPO

Adotando bons hábitos

Não há dúvida de que o corpo humano é uma máquina genial. Para que ele se mantenha forte, saudável e funcionando corretamente por um longo tempo, é preciso cuidar bem dele, adotando bons hábitos.

Beber água
A água não pode faltar em nosso dia a dia, pois ela é indispensável para o funcionamento dos órgãos. Além disso, é muito importante para a hidratação.

Dormir bem
A falta de sono ou dormir menos de 6 horas por noite pode prejudicar o bom funcionamento do corpo. Por isso, jamais devemos abrir mão de uma boa noite de sono.

Ter uma boa alimentação
É preciso se alimentar de forma equilibrada em todas as refeições para garantir que o corpo esteja recebendo os nutrientes necessários para que funcione bem. Frutas e hortaliças não podem faltar em nosso cardápio.

Fazer exercícios
A importância de fazer atividade física vai muito além da estética. O hábito de se exercitar diariamente ajuda na prevenção de doenças, melhora a qualidade do sono e libera endorfina, substância que reduz a ansiedade, o estresse e melhora nosso humor. Quantos benefícios!